AF229250

ÉTAT

DE LA MISSION

DU

KOUANG-TONG

(CANTON) CHINE

EXPOSÉ AU SAINT-PÈRE

LÉON XIII

DANS

LA SÉANCE DU 20 FÉVRIER 1882

ROME

IMPRIMERIE DE LA PROPAGANDE

19 mars 1882

FÊTE DE SAINT JOSEPH, PATRON DE LA CHINE

ÉTAT
DE LA MISSION

DU

KOUANG-TONG

(CANTON) CHINE

EXPOSÉ AU SAINT-PÈRE
LÉON XIII

DANS

La Séance du 20 Février 1882

ROME

IMPRIMERIE DE LA PROPAGANDE
19 mars 1882

FÊTE DE SAINT JOSEPH, PATRON DE LA CHINE

Rome, 1er mars 1882.

Lundi, 20 février, jour anniversaire de l'élévation de S. S. **Léon XIII** au Souverain Pontificat, il y a eu au Vatican *Réception solennelle*, à laquelle assistaient tous les Cardinaux de Rome, une quarantaine d'Evêques de tous les pays du monde, et où l'œuvre des Missions n'a pas été oubliée.

Après avoir adressé la parole à quelques-uns des Cardinaux et Evêques présents, apercevant à ses côtés *deux beaux Vases chinois*, qui lui avaient été offerts par un de nos compatriotes, **Mgr Guillemin**, évêque du *Kouang-tong* **(Canton)**, Chine, **Sa Sainteté** fait appeler le donateur, qui vient se jeter à ses pieds, les baisant avec respect, et alors entre le Chef de l'Eglise et l'Evêque Missionnaire s'établit une conversation qui nous a tous fort intéressés.

Monseigneur, lui dit le **Saint-Père**, je vous remercie du *beau présent* que vous m'apportez du fond de la Chine, et qui est admiré de nous tous.

Très Saint-Père! répond l'Evêque, c'est à moi bien plutôt à remercier **Votre Sainteté** de la bonté avec laquelle Elle veut bien accueillir ce faible témoignage de la vénération et de l'attachement dont nos Missionnaires et nos Chrétiens sont pénétrés pour **Elle**; et ils seraient heureux, si en retour, je pouvais leur porter, de la part de **Votre Sainteté**, une *Bénédiction* qu'ils recevraient comme un gage et une assurance de la bénédiction même du Ciel.

D. Oh ! oui, bien volontiers je vous la donnerai à tous et au premier Pasteur du troupeau, et à toutes les ouailles confiées à ses soins. Mais auparavant, il faut que nous parlions un peu de vos Missions, et d'abord, dites-moi, combien y a-t-il d'années que vous êtes dans ces pays lointains ?

Départ pour la Chine.

R. **Très Saint-Père !** Il y a *trente-quatre ans* que je suis parti pour ma *lointaine mission*, et quand je partais, vu l'état de ma santé, on disait généralement que je n'arriverais pas au rivage Chinois : ce qui me montre la protection toute spéciale dont la divine Providence a bien voulu m'environner pendant ce long espace de temps.

D. Eh ! oui, voilà ce que c'est que de mettre sa confiance en Dieu : on n'est jamais confondu. Et, depuis combien d'années portez-vous le fardeau épiscopal ?

Fondation de la Mission.

R. **Très Saint-Père !** Il y a *vingt-cinq ans* que j'ai été nommé **Vicaire Apostolique.** D'abord soumis à la juridiction de Macao, nous avons été, pendant *dix ans*, exposés à tous les dangers et à toutes les misères qu'on peut rencontrer en ces pays infidèles, jusque-là que **8** de nos Missionnaires ont été jetés dans les fers ; **2** sont morts à la suite des coups et des mauvais traitements qu'ils avaient reçus, et un **3e**, le Vénérable **P. Chapdelaine**, a eu la tête tranchée, et a été littéralement coupé par morceaux. Alors, tous les Confrères demandant que l'un de nous partît pour Rome, afin d'exposer au Saint-Siège le véritable état des choses, j'ai été choisi pour remplir ce message, et c'est alors que la province du *Kouang-tong* a été séparée de *Macao*, érigée en Mission particulière, et que moi-même, malgré mon indignité, en ai été nommé le **premier Evêque**, et, à ce titre, sacré par les mains mêmes du Souverain Pontife, **Pie IX,** qui a bien voulu nous donner cette marque d'intérêt et d'encouragement.

D. Oh ! Il est bien juste que le Père soutienne ses enfants, et le Pontife les Apôtres de la vérité ! Et, pendant cette longue période d'années, au milieu de ces contrées payennes, quelles sont les conquêtes que vous avez faites à l'Evangile ?

Conversion des Payens.

R. **Très Saint-Père !** En arrivant dans la mission **de Canton,** dans cette mission qui compte *deux cents lieues* de long sur *cent lieues* de large, et environ **30** *millions* de payens, nous y trouvions à peine **4** ou **5,000 Chrétiens,** et aujourd'hui, grâces à Dieu, nous en comptons **26,000.** L'année dernière seule nous donnait **1,262** *baptêmes* d'adultes, l'année précédente **1,060,** et ainsi, depuis notre entrée dans la mission jusqu'à ce jour, chaque année, sans exception, nous a fourni un chiffre de conversions supérieur au chiffre de l'année précédente.

Et, ce que je puis dire également, c'est que ces nouveaux Chrétiens connaissent bien leur religion et en remplissent fidèlement les devoirs. Car, nous ne les admettons au saint Baptême, que lorsqu'ils sont bien instruits des vérités du Christianisme et bien décidés à en observer tous les préceptes, ce qui est pour nous une garantie de leur persévérance à l'avenir.

D. Oh ! Voilà de beaux résultats, et qui doivent être bien consolants pour votre cœur d'apôtre. Mais combien de **Missionnaires** comptez-vous pour faire face à un travail aussi considérable ?

Missionnaires, Séminaire, Clergé indigène.

R. **Très Saint-Père !** En entrant dans la mission, nous étions **6 missionnaires** seulement ; aujourd'hui, nous sommes **36,** répartis sur cet immense territoire, et placés à la distance de *vingt* à *trente lieues* les uns des autres : missionnaires tous zélés et dévoués à leur œuvre.

C'est un nombre d'ouvriers encore bien insuffisant, mais, à

défaut de Prêtres européens, nous cherchons à former **un Clergé indigène,** et déjà, dans la province, nous avons **un Séminaire,** avec *cinq jeunes prêtres chinois,* plusieurs *diacres* et *sous-diacres,* comme celui qui m'accompagne, et que j'aurai l'honneur de présenter à **Votre Sainteté,** si Elle veut bien me le permettre.

D. Oh! Oui, je le verrai avec grand plaisir ! Et alors, sur un signe de l'Evêque, le jeune élève chinois, portant l'habit et la longue tresse de cheveux de son pays, vient se jeter aux pieds du Saint-Père, qui l'accueille avec bonté et lui adresse ces paroles encourageantes : *Eh! Oui, cher Fils en Notre-Seigneur, soyez l'Apôtre de vos chers Compatriotes, et puissiez-vous en amener au Seigneur un grand nombre, qui formeront les fleurons de votre brillante couronne pour la bienheureuse éternité!* Puis, s'adressant à l'Evêque : En vérité, dit le Saint-Père, voilà une œuvre bien comprise et qui ne peut manquer de produire tout le bien que vous en attendez. Mais, avec le clergé indigène, ne trouvez-vous pas encore dans le pays d'autres auxiliaires pour travailler à la conversion des payens?

Œuvre des Catéchistes.

R. Oui, **très Saint-Père!** Nous avons nos **Catéchistes,** bons et fidèles chrétiens, bien instruits des vérités de notre sainte religion, et qui, vivant au milieu de leurs proches et de leurs amis, sont plus à même de les amener à la connaissance du vrai Dieu. Un bon catéchiste, dans le cours d'une année, pourra facilement gagner à l'Evangile de **10** à **20** *Payens,* quelquefois plus, rarement moins, en sorte que si nous pouvions multiplier ces messagers de la bonne nouvelle, nous multiplierions dans la même proportion les heureux résultats obtenus par eux.

Mais, en employant le secours de ces bons et dignes auxiliaires, il faut bien également leur donner une petite rétribution, pour subvenir à leurs besoins et aux besoins de leurs familles (*environ 600 fr. par an*), et là malheureusement se trouve la difficulté pour nous, qui avons nous-mêmes si peu de ressources à notre disposition. Mais qu'une personne, en Europe, veuille bien se charger de l'entretien d'un **Catéchiste**, ce sera elle, en réalité et devant Dieu, qui aura le mérite de toutes les conversions obtenues par là, tout aussi bien que si elle venait dans ces pays lointains pour y prêcher l'Evangile. Et, comme déjà plusieurs pieuses et dignes personnes, en France, veulent bien me donner ce précieux concours, qu'il me soit permis, **Très Saint-Père**, de demander à **Votre Sainteté** une *Bénédiction spéciale pour elles et pour leurs familles.*

D. Oui! Je comprends toute la portée de cette œuvre; je l'approuve, je la bénis, et je vous autorise à dire aux *personnes* qui vous mettent entre les mains ces puissants moyens de salut, qu'à elles aussi je donne *une Bénédiction toute spéciale pour elles et pour tous ceux qui leur sont chers.*

Et avec les baptêmes d'adultes, vous avez aussi ceux de ces pauvres petits **Enfants de la Chine**, si cruellement rejetés par la brutalité de leurs parents, ou qui naturellement se trouvent en danger de mort?

Baptêmes des petits Enfants, Orphelinats.

R. Oui! **Très Saint-Père!** Le baptême de ces pauvres petits enfants est aussi une des choses qui nous occupent le plus, et qui n'est pas moins bénie de Dieu. Chaque année nous donne plus de **3,000** de ces baptêmes, et comme il y a *33 ans* que nous obtenons ce chiffre, c'est une légion de plus de **100,000** *Anges* que la mission de Canton, depuis sa fondation, aura envoyés au séjour des Bienheureux.

Puis, en baptisant les petits moribonds, il fallait bien également pourvoir aux besoins de ceux qui survivent, et leur trouver quelques moyens d'existence. Aussi, au milieu du beau terrain que nous occupons dans la ville de Canton, nous avons élevé **deux grands Orphelinats** avec arcades et colonnes, l'un pour les *petits Garçons,* qui y sont au nombre de **100** à **120**; l'autre pour les *petites Filles,* au nombre de **60** à **80**; deux Etablissements qui marchent bien, et qui produisent une bonne impression, soit sur les Chinois, soit sur les Européens, qui viennent les visiter. Honneur et reconnaissance à l'œuvre de la **Sainte-Enfance**, qui nous permet, au milieu de ces contrées payennes, de faire un bien si utile en soi et si honorable à la religion chrétienne !

D. Vous pouvez également élever des **Chapelles**, et l'on dit que déjà vous en avez un bon nombre dans toute la province ?

Chapelles dans la Province.

R. Oui ! **Très Saint-Père !** Lorsque, dans un rayon un peu étendu, nous avons un certain nombre de néophytes, *200* ou même une *centaine*, là aussi nous tenons à établir une Chapelle ou Oratoire, comme moyen de soutenir ces nouveaux Fidèles dans la foi, et en quelque sorte d'attacher la Religion chrétienne au sol même du pays. Or, à notre arrivée dans la Province, n'y trouvant que *8 Chapelles* à demi ruinées et détruites, aujourd'hui nous en comptons plus de **100**, chaque Missionnaire en ayant au moins **3**, la plupart encore bien pauvres et à peine fournies des choses nécessaires pour la célébration du service divin, mais au moins ne servant qu'à la prière, et bien chères à nos Chrétiens, qui aiment à venir y répandre leurs âmes devant Dieu.

D. Le principal est que vous ayez ces pieux sanctuaires, et *les Ornements* viendront ensuite, avec la grâce de Dieu et le concours de nos bonnes **Dames zélatrices**, qui veulent bien, en Europe, se dévouer d'une manière si édifiante et si utile à l'œuvre des Missions. — Qu'elles en soient aussi bénies ! — Mais, parmi vos chapelles, vous avez surtout celle de **Sancian**, dont vous m'avez donné *une si belle Photographie*.

Chapelle de Sancian.

R. Oui ! **Très Saint-Père !** Dans l'île et sur le rocher où est mort **saint François-Xavier**, à 50 lieues de Canton, nous avons élevé une **Chapelle gothique**, en mémoire **du Saint**, patron de la Mission ; puis à côté des villages, une **autre Chapelle,** plus spécialement destinée à l'instruction des payens, avec une *Habitation* pour le missionnaire et une *Ecole* pour les enfants. Et, lorsque se fit la bénédiction de ces différents édifices, les indigènes eux-mêmes voulurent y prendre part, apportant solennellement ces *six Porcs, rôtis d'une seule pièce et environnés de fleurs*, qu'ils présentaient comme un témoignage de leur participation à la fête : démonstration qui frappa si vivement les étrangers, et en particulier les Anglais, qui en étaient témoins, que le Grand Juge de Hong-Kong m'adressant la parole devant tout le monde : *Monseigneur*, me dit-il, *c'est le plus beau succès que vous puissiez espérer, et quoique Protestant, je vous en fais mon compliment bien sincère !* Enfin, au jour de notre arrivée dans l'île, au milieu de cette population de **8,000** habitants, n'y trouvant pas un seul chrétien, aujourd'hui nous en comptons plus de **300**, et tout nous fait espérer que leur nombre ne fera que s'augmenter à l'avenir.

D. Oh ! Oui ! Voilà de beaux succès, et qui montrent bien la protection du glorieux saint François-Xavier sur la Mission ! Mais avec vos Chapelles, vous avez sans doute aussi des **Ecoles,** pour soustraire les enfants à l'influence du Paganisme et les former à la piété ?

Ecole des Enfants.

R. Oui ! **Très Saint-Père !** Nous y tenons d'autant plus, que les écoles sont plus communes en Chine. A notre arrivée dans le pays, la Mission ne possédait que **3** ou **4** Ecoles à peine fréquentées par quelques *dizaines* d'enfants, et aujourd'hui, nous en avons **90**, parmi lesquelles 70 sont pour les *Garçons*, et une 20ᵃⁱⁿᵉ pour les *Filles,* ce qui nous donne *3 Ecoles* pour chaque missionnaire.

L'école une fois bien établie, nous permettons volontiers aux *Enfants Payens* d'y assister, et nous les voyons assez ordinairement plus tard venir d'eux-mêmes demander le saint Baptême et leur admission dans une religion qu'ils ont appris à connaître et à aimer dès leur enfance.

D. Et votre **Eglise de Canton,** on dit que c'est une merveille ?

Eglise de Canton.

R. **Très Saint-Père!** Sans que ce soit aussi splendide qu'on veut bien le dire, cependant dans une ville *d'un million* d'habitants, capitale d'une province de *30 millions,* où l'on voit des *Pagodes* et des *Bonzeries* d'une grandeur et d'une beauté vraiment remarquables, il fallait bien que là aussi il y eût, en l'honneur du vrai Dieu, un **Temple** qui ne fût point au-dessous de toutes ces constructions du Paganisme, mais qui montrât la gloire et la puissance **du Très-Haut** aux yeux de tous ces peuples prosternés au pied de leurs Idoles. Et c'est ce que j'ai tâché de réaliser avec le secours de la divine Providence, qui a bien voulu nous aider d'une manière spéciale dans l'exécution de ce projet.

Et, en effet, lors de mon premier voyage en France, en 1857, *il y a vingt-cinq ans,* ayant exposé ces vues à **l'Empereur Napoléon,** et reçu de sa munificence impériale la somme de **500,000** francs à consacrer à cette œuvre, et à prendre sur l'indemnité chinoise ; ayant aussi reçu un subside spécial de l'œuvre de la *Propagation de la Foi* et de la *Sainte-Enfance,* puis *quelques dons* des Fidèles et une bonne **Bénédiction de Pie IX,** avec ces secours spirituels et temporels venus de si haut, je me suis mis courageusement à l'ouvrage, et, Dieu aidant, nous avons bâti une **Eglise** qui, pour la grandeur et la beauté, peut entrer en comparaison, non pas avec nos plus belles églises d'Europe du premier ordre, ce serait trop dire, mais au moins avec nos plus belles églises ogivales du second ordre, comme par exemple *Sainte-Clotilde* de Paris, si même elle n'est pas plus grande que *Sainte-Clotilde.*

D. Mais vous avez eu sans doute bien des difficultés à surmonter pour arriver à un semblable résultat?

Difficultés à surmonter.

R. Oui! **Très Saint-Père!** Dans les commencements surtout, les difficultés paraissaient si grandes, qu'on regardait généralement l'entreprise comme une œuvre téméraire et même impossible, mais enfin, Dieu aidant, nous avons pu en venir à bout !

Ainsi, il nous fallait : *1°* une bonne *Somme d'argent*, que j'ai pu recueillir, comme on l'a vu plus haut !

2° Il nous fallait, *en 2° lieu, un Emplacement convenable* : chose difficile à obtenir dans une ville d'un million d'habitants et toute payenne. Mais, les derniers traités, passés entre la France et la Chine, nous autorisant à réclamer les anciens terrains, enlevés à la Religion chrétienne au temps des persécutions, j'ai pu en indiquer un certain nombre, placés dans ces conditions. Et, d'une autre part, comme au temps de la guerre avec la France, l'ancien *Palais du Vice-Roi* avait été complètement détruit, et était regardé comme un terrain néfaste, parce que sur lui était tombée la 1re bombe, lancée sur la ville, c'est aussi celui que je demandai comme compensation des autres, et que les autorités Chinoises nous accordèrent, afin de faire retomber sur nous *la malédiction*, dont il avait été frappé ; malédiction, que nous recevions bien volontiers, et qui nous valait un magnifique emplacement, contenant *mille* pieds de long sur *600* pieds de large !

3° Il nous fallait, *en 3°. lieu*, des *Plans* et un *architecte* pour les exécuter. Or, dans mes différents voyages en Europe, examinant avec soin toutes les Eglises gothiques qui se construisaient, et prenant dans chacune les différentes parties, qui me paraissaient mieux convenir à l'exécution de notre projet, j'en fis faire un plan, que je présentai à *M. Violet-le-Duc*, un de nos premiers architectes de France, dont je voulais avoir le sentiment, et qui l'approuva en entier, me donnant lui-même un de ses Elèves, pour commencer les travaux et les diriger : ce qui nous aida grandement dans l'exécution de cette entreprise !

4° Il nous fallait, *en 4° lieu*, un certain nombre d'*Ouvriers*, et nous en avons eu jusqu'à *300* et plus à la fois, tous ouvriers chinois : ce qui demandait de notre part un soin et une surveillance toute spéciale. Mais les dirigeant convenablement et avec bonté, nous avons pu, non seulement en tirer bon parti, mais encore les instruire des vérités de notre sainte Religion, et pour la plupart les faire entrer par le baptême dans le giron de la sainte Eglise !

Et, *5°* enfin, il nous fallait des *Matériaux*, c'est-à-dire des *Pierres de granit*, que nous prenions sur les bords de la mer, à *40* lieues de Canton. Or, après *2 ans* d'une exploitation tranquille, un jour le Vice-Roi de la Province me fait savoir, que des ordres venus de *Péking* me défendent désormais de prendre aucune pierre en ce lieu, et de là la nécessité pour moi d'aller jusqu'à *la Capitale* du Céleste-Empire, à *400* lieues de Canton, pour y traiter cette grave question.

La France, ayant un ministre plénipotentiaire dans cette ville, j'espérais tout naturellement qu'il voudrait bien s'occuper de cette affaire ; mais à peine lui en ai-je dit un mot, qu'il refuse absolument de s'en charger, ajoutant que la seule chose qu'il pouvait faire pour moi, était de me présenter au Conseil des Ministres, et que là je défendrais ma cause, comme je pourrais : décision à laquelle, bon gré, mal gré, il fallait bien me soumettre !

Conduit au Palais Impérial, en présence des *Sept Ministres* de l'Etat, ma première idée tout d'abord était de leur rappeler les articles des Traités favorables à notre cause. Mais une autre pensée se présentant à moi, et me paraissant venir d'en haut, je la leur exposai de suite.

« Grands Hommes, leur dis-je, sans parler ici des traités,
» qu'il me soit permis de vous citer un fait, qui se passait na-
» guère à Canton, et qui vous expliquera la confiance, avec
» laquelle, aujourd'hui, je me présente devant Vous !

R. Oui ! Parlez !

» Eh ! bien, il y a *2* ans, lorsque les *Rebelles*, au nombre de
» *20* mille, sont venus assiéger la ville de Canton, et l'ont
» tenue cernée pendant *5* mois, ils ont fait leur possible pour
» m'attirer dans leur parti, sachant bien qu'avec l'Evêque, ils
» auraient tous les Chrétiens de la Province et bon nombre
» d'Européens résidant dans le pays, ce qui eût été très avan-
» tageux à leur cause ! Or, non seulement j'ai repoussé toutes
» les propositions qu'ils me faisaient, mais encore envoyant
» une circulaire à tous nos Chrétiens, je leur ai rappelé l'obéis-

» sance qu'ils devaient au chef de l'Empire, leur défendant
» d'avoir aucun rapport avec les Rebelles, et je puis dire, qu'en
» effet, ils ont été fidèles à l'ordre que je leur donnais. Or,
» après cette marque de fidélité et de dévouement de ma part,
» c'est à vous, Grands Hommes, de voir si aujourd'hui, vous
» voulez me permettre de prendre sur les bords de la mer
» *quelques pierres inutiles,* afin d'élever au **Vrai Dieu,** au Dieu
» du Ciel et de la Terre, *un Temple* qui sera, en même temps,
» *une Bénédiction* pour vous, pour vos familles et pour tout
» l'Empire? »

J'achevais à peine ces mots que le Ministre du Commerce,
s'adressant aux autres à voix basse : Mais, *c'est un brave
homme,* dit-il, *que cet homme-là! Nous ne pouvons lui refuser la
permission qu'il a si bien méritée, et qu'il vient chercher de si
loin!* Et alors, après quelques moments de délibération, d'une
voix unanime, ils m'accordent l'autorisation que je deman-
dais, et qui produisit la meilleure impression, non seulement
sur nos Chrétiens, mais encore sur les Payens de la Province,
fort curieux de connaître le résultat de mon voyage, et qui, en
cela, virent une nouvelle preuve de la protection du Ciel sur
l'Eglise qui se construisait. A Dieu, et à Dieu seul en soient
l'honneur et la gloire, et qu'il soit également béni de toutes
les difficultés et de toutes les peines que nous rencontrâmes
dans l'exécution de cette belle et grande entreprise !

D. Tout cela est fort beau, et montre bien l'assistance spéciale du Ciel; mais aujourd'hui cette **belle Eglise** est-elle
complètement achevée, et où en êtes-vous à cet égard ?

Achèvement de l'Eglise.

R. **Très Saint-Père!** Si l'on considère les grands travaux
de construction, comme *la Maçonnerie, les Voûtes, les Tours et
la Toiture,* on peut regarder l'ouvrage comme terminé. Mais au
point de vue de l'ornementation, il lui manque bien des
choses encore qui doivent en faire le complément, et qu'il
faudra bien, tôt ou tard, lui procurer, comme **les Vitraux,
les Cloches et une Horloge.**

D. Et que désireriez-vous pour ces différents objets?

Vitraux.

R. D'abord, pour **les Vitraux**, ce qui me semblerait désirable, ce serait, dans la grande fenêtre au fond du sanctuaire, la figure de **Notre-Seigneur**, debout, environné de lumière et présentant *son divin Cœur*, mais d'une dimension assez grande pour dominer tous les environs et être bien vue, si c'est possible, de tous les points de l'église.

Plus tard, si nos ressources nous le permettent, de chaque côté de la figure de Notre-Seigneur nous mettrons *un Ange adorateur*; et dans les autres fenêtres du haut, simplement *des verres en grisaille*, avec une grande *Croix rouge* au milieu et un *pourtour* en couleur.

Puis, dans *les fenêtres des Chapelles*, nous mettrons les différents sujets qui doivent naturellement y trouver leur place, suivant la destination de chaque Chapelle, comme les figures de :

1. *L'auguste Vierge Marie.*
2. *Saint Joseph, Patron de la Chine.*
3. *Saint Michel, Chef de la milice céleste.*
4. *L'Ange gardien.*
5. *Saint Pierre, Chef de l'Eglise.*
6. *Saint François-Xavier, Patron de la mission.*
7. *Saint Louis, Roi de France.*
8. *Une représentation du Purgatoire*, en mémoire de nos parents, amis et bienfaiteurs décédés.

Et tout cela, j'en suis persuadé, produira un bon effet sur nos Chrétiens et même sur les Payens.

Cloches & Horloge.

Quant *à la 2ᵉ chose*, c'est-à-dire à la confection des **Cloches**, c'est une question assez délicate, vu qu'aujourd'hui à Canton on ne voit point encore de grosses cloches se sonnant à la volée comme chez nous, et je ne sais quel effet produira sur le peuple une nouveauté aussi surprenante que celle-là.

Mais, d'une autre part, comme à Canton, cette ville d'un

million d'habitants, il n'y a point encore **d'Horloge publique,** donnant l'heure à la population, si nous en établissions une dans ces conditions et proportions, ce serait bien le plus grand service rendu aux habitants, et par là même, j'en suis convaincu, la plus grande garantie que nous puissions donner à nos cloches, qui se trouveraient ainsi sauvées en contribuant au bien public.

Déjà pour cette œuvre, nous avons un beau *Canon* en cuivre, du poids de *dix mille livres,* qui m'a été donné pour cet objet par un amiral français passant à Canton, et qui paiera un bon tiers de la dépense.

Enfin, **très Saint-Père** ! Que votre Sainteté veuille bien me permettre ces détails, si avec les *cloches* et une *horloge* nous avions un **Jacquemard,** ou automate sonnant les heures, puis avant et après faisant une profonde inclination à la population, comme on en voit dans plusieurs villes d'Europe, ce serait bien la merveille du pays, un sujet de curiosité pour tous nos Chinois, qui ne pourraient se lasser de l'admirer, et le plus beau couronnement que nous puissions mettre à toutes nos œuvres !

Alors, un petit éclat de rire se manifestant dans l'assemblée : *Eh ! bien, oui,* dit le Souverain Pontife, *voilà qui est bien trouvé,* et qui ne peut manquer de produire le bon effet que vous en attendez ! Dieu soit béni de cette heureuse invention, que je vous engage à mettre à exécution, et alors l'Eglise de Canton apparaîtra dans toute sa splendeur et sa gloire !

D. Mais avec une église, il faut bien également **un Cimetière,** pour recevoir les restes de vos bons Chrétiens morts dans la paix du Seigneur ; et déjà, sans doute, vous avez pu vous occuper de ce point de la liturgie catholique ?

Cimetière.

R. Oui ! **Très Saint-Père** ! Le culte des morts étant une chose sacrée en Chine, c'était pour nous une raison de plus de donner une attention spéciale à ce point du culte catholique. Or, nos anciens Chrétiens possédant jadis un vaste **cimetière** à *une demi-lieue* de la ville, j'ai pu, pendant la guerre de la France avec la Chine, le réclamer, l'agrandir, l'environner d'une haie et de grands arbres, et en former une *petite vallée* qui, aujourd'hui, n'a pas moins de *trois mille pas* de circonférence.

A l'entrée s'élève **un beau Portail** en granit et à trois compartiments ; au centre, **un Monument** élevé à la mémoire de nos soldats français morts à la prise de Canton, et pour l'érection duquel j'ai obtenu de notre Gouvernement la somme de *25* mille francs : monument en style ogival, formé de *4* colonnes et d'une flèche en granit, et renfermant à l'intérieur un *bel ange* en fonte, de *8* pieds de haut, lequel d'une main montre le Ciel, et de l'autre dépose une couronne sur les restes dont il est le gardien.

A l'extrémité de la vallée, se trouve **un petit village** chrétien, formé par nous, et chargé de la garde de ce lieu ; et enfin, chaque année, *à la fête des morts,* il s'y fait une *Procession solennelle,* qui y attire toujours de *cinq* à *six cents* Chrétiens, bon nombre de Payens, et qui produit la meilleure impression sur tous ceux qui en sont témoins.

D. Très bien ! Nous ne saurions trop nous intéresser au sort de ces pauvres âmes, qui n'attendent souvent qu'un souvenir de notre part pour leur délivrance, et qui seront éternellement reconnaissantes de ce que nous aurons fait pour elles ! Mais, au milieu de tout cela, nous n'avons pas encore vu le lieu de **votre Demeure,** et nous ne savons pas en quoi elle consiste. Dites-nous donc un mot à cet égard.

Demeure des Missionnaires.

R. **Très Saint-Père !** Possédant dans la ville de Canton le beau et vaste terrain qui nous a été donné au temps de la guerre, *l'ancien Palais du Vice-Roi,* c'est là tout naturellement que se trouvent notre habitation et les différents établissements que nous avons élevés. Mais, comme tout ne peut pas se faire à la fois, notre demeure n'est encore qu'un pauvre hangar, à demi ruiné et exposé à tous les vents ; ce qui, du reste, produit un très bon effet sur les Chinois et sur les Européens, qui voient que nous ne venons pas en Chine pour nous, mais bien pour un but plus élevé et plus digne de nos efforts. Aussi, un jour, le Gouverneur anglais de Hong-Kong, Mac-Donald, venant me voir dans ma chambre, comme je lui faisais mes excuses de le recevoir en un lieu si pauvre et si peu digne de lui, c'est-à-dire sur la terre nue, sous la tuile, et avec un siège en bambous : *Non, mon cher Evêque*, me dit-il, en me frappant familièrement sur l'épaule, *ne me faites pas d'excuses pour cela. J'aime bien vous voir ainsi, Vous, l'Apôtre de la Vérité, ne venant dans ces pays lointains que pour y répandre la connaissance du vrai Dieu, et méprisant tout le reste ; je voudrais bien pouvoir en dire autant de nos Ministres Protestants !*

D'autre part, comme il faut bien pourvoir à la santé des Missionnaires, quand nos grands travaux seront achevés, alors pour nous aussi, nous tâcherons d'élever une **Demeure** suffisante, convenable, mais toujours en rapport avec la simplicité et la pauvreté qui doit être le partage des Ouvriers évangéliques.

D. Oui ! Voilà qui est bien voir les choses ! Mais, en exécutant ces différents travaux, n'avez-vous pas à craindre l'opposition du Gouvernement chinois, et aujourd'hui où en êtes-vous à cet égard ?

Dispositions actuelles du Gouvernement.

R. **Très Saint-Père !** Depuis la dernière expédition de France en Chine, il y a quelques villes comme *Canton, Chang-Hay, Pékin,* qui ont été déclarées libres, et où, par conséquent, nous jouissons d'une certaine liberté, qui nous permet d'y établir les œuvres que nous voulons ; mais, en général, et surtout dans l'intérieur de l'Empire, le mauvais vouloir des Chinois à l'égard des Européens, et en particulier à l'égard de la Religion chrétienne, est toujours aussi vif et aussi redoutable qu'autrefois. Combien de fois encore aujourd'hui ne voyons-nous pas nos Chapelles renversées et nos Chrétiens persécutés, uniquement parce qu'ils sont fidèles à leur religion, et refusent de sacrifier aux Idoles du pays?

Ainsi, depuis mon départ de Chine, dans la ville même de *Canton,* les Payens viennent encore de brûler une trentaine de maisons, où nous logions de pauvres Néophytes, et cela par suite de leur haine contre le Christianisme. Mais, enfin, ce sont de ces misères auxquelles il faut bien s'attendre au milieu de ces régions idolâtres, et si nous ne pouvons les éviter entièrement, au moins nous tâchons d'en diminuer le nombre autant que possible, sans jamais nous décourager.

Bénédiction du Saint-Père.

D. Eh! bien, en somme, dit le Saint-Père, je vois que les choses ne vont pas encore trop mal, et que le bon **Evêque de Canton,** au milieu de tous ses travaux et de toutes ses peines, ne perd pas courage. Que Dieu en soit béni! Qu'il soit béni de tout le bien qui se fait dans ces contrées lointaines, pour la gloire de son Saint Nom et l'établissement du Christianisme au milieu de ces pays infidèles! En Le remerciant pour le passé, je le prie de répandre de plus en plus ses bénédictions sur *cette Mission,* qui m'en paraît si digne, sur son bon et zélé *Pasteur,* qui nous donne une preuve si touchante de son dévouement, en retournant au milieu de ces régions payennes, sur ses dignes Coopérateurs, sur leurs pieuses et chères Familles, sur ces nouveaux Chrétiens si intéressants et si fidèles, sur la belle œuvre de la Propagation de la foi et celle de la Sainte-Enfance, sur les Personnes qui, en Europe, vous aident si puissamment du concours de leurs prières et de leurs généreuses charités, et surtout sur cette multitude innombrable de Payens qui croupissent encore dans les ténèbres du Paganisme, afin qu'ils ouvrent les yeux à la lumière et reconnaissent le véritable Seigneur de toutes choses! Enfin, après avoir dignement combattu les bons combats du Seigneur, puissions-nous tous, un jour, aller recevoir la récompense promise aux fidèles serviteurs, et jouir de cette vie bienheureuse que donne la mort du juste, et qui sera l'accomplissement de la belle devise qui préside aux destinées de la mission de Canton : **In morte vita!**

Conclusion.

Alors, tous s'agenouillant reçurent pieusement la bénédiction du Chef de l'Eglise, et ainsi se termina cette séance, qui, en nous montrant l'extrême bienveillance du Souverain Pontife, a été pour nous tous une vraie consolation pour le passé, et sera encore, nous l'espérons, un puissant encouragement pour l'avenir. Puissions-nous en profiter, pour continuer avec ardeur l'œuvre commencée, et répandre de plus en plus la connaissance du vrai Dieu au milieu de ces pays payens : œuvre si digne de tous nos efforts et du concours des fidèles qui veulent bien nous aider, et à qui nous en offrons nos bien sincères et religieuses actions de grâces !

Un missionnaire de Canton, assistant à la séance,
et avec approbation de l'Evêque de la Province.

Vu et approuvé par nous,

✠ ZÉPHIRIN GUILLEMIN, Ev. Miss.

Kouang-tong (Canton)
Chine.

ÉTAT COMPARATIF

DE LA MISSION DU KOUANG-TONG, CANTON (CHINE)

A NOTRE ARRIVÉE EN **1848** ET AU COMMENCEMENT DE **1882**

(Mission comptant 200 *lieues* de long, 100 *lieues* de large, et 30 *millions* de Payens)

En 1848.		En 1882.	
1. Evêque à Macao	1	Evêques à Canton	2
2. Anciens Prêtres Chinois	8	Missionnaires Français	34
3. Jeunes Prêtres Chinois	0	Jeunes Prêtres Chinois	5
4. Catéchistes	0	Catéchistes soldés par Nous	60
5. Nombre de Chrétiens	4,000	Aujourd'hui	26,000
6. Séminaire avec *8 Elèves*	1	1 à Canton, 1 à Pinang *(40 Elèves)*	2
7. Terrains à Canton	0	Ancien Palais du Vice-Roi *(mille pieds de long, 600 de large)*	1
8. Eglise à Canton	0	Grande Eglise ogivale	1
9. Orphelinat de petits Garçons	0	Orphelinat avec *120 petits Garçons*	1
10. Id. de petites Filles	0	Id. avec *60 petites Filles*	1
11. Chapelles dans la Province	8	A Sancian 2, ailleurs 110	112
12. Ecoles de Garçons dans la Province	4	Ecoles de Garçons	70
13. Ecoles de Filles	0	Ecoles de Filles	20
14. Cimetière à Canton	0	Grande vallée à 1/2 lieue de Canton *(3 mille pas de circuit)*	1
15. Cimetières dans la Province	4	Aujourd'hui	10
16. Tombeau *Provana*, près Canton	0	Grand Terrain pour Villa	1
17. Baptêmes d'Adultes	30	En l'année 1881	1,262
18. Id. d'Enfants exposés	160	Id.	4,324
19. Nombre de Confessions	Inconnu.	Id.	41,300
20. Nombre de Communions		Id	40,106

Nunc et in posterum Deus nos benedicere velit,
Sicut antea benedicere dignatus est !

NOMS DES MISSIONNAIRES

ACTUELLEMENT EMPLOYÉS DANS LA MISSION
DE CANTON

		Diocèse.	Année du départ.
Evêque :	Mgr GUILLEMIN, Philippe-Franç.-Zéphirin, évêque de Cybistra en 1857.	Besançon.	1848
Coadjuteur :	Mgr CHAUSSE, Augustin, évêque de Capse en 1880.	Le Puy.	1862
Pro-préfet :	M. BÉAL, Antoine.	Clermont.	1867
Missionnaires :	MM. BERNON, André.	Bordeaux.	1849
	JACQUEMIN, Charles-J.-Bapt.	Nancy.	1851
	CHAGOT, Michel-Gaspard.	Limoges.	1851
	DELSAHUT, Jacques.	Cahors.	1858
	GOUTAGNY, Fleury.	Lyon.	1859
	MOUROUX, Charles-M.-L.	Orléans.	1862
	HOUÉRY, Victor-Jean.	Nantes.	1863
	VERCHÈRE, Jean-M.-Ph.	Autun.	1863
	GÉRARDIN, Joseph.	Nancy.	1865
	DEJEAN, Jean-Fr.-Jos	Lyon.	1867
	BOUSSAC, Jean-G.-Jul.-M.	Albi.	1868
	BAROIS, Louis-Octave.	Poitiers.	1869
	GRIMAUD, Avit-Ad.-A.	Gap.	1870
	GENOUD, Marie-Jos.-Fr.	Annecy.	1870
	MIOUX, Emile-Alphonse.	Grenoble.	1872
	GUILLAUME, Charles-Al.	Nancy.	1872
	BERTHON, Jean-Bapt.-Ernest.	Poitiers.	1872
	GAUTHIER, Jean.	Autun.	1873
	SORIN, Henri.	Nantes.	1874
	CODIS, Antoine-J -Val.	Rodez.	1874
	DELÉTRAZ, Pierre-Casimir.	Annecy.	1875
	BRUGNON, Eugène-Charles.	Reims.	1876
	GRANDPIERRE, Joseph-Alb.-A.	Besançon.	1876
	HERVEL, Donatien-M.-Tous.	Nantes.	1876
	FERRAND, Auguste-P.-V.-Fl.	Mende.	1876
	VACQUEREL, Henri-Constant.	Bayeux.	1878
	SERDET, Léandre-Félix.	Besançon.	1879
	LAURENT, Ferdinand-Henri.	Paris.	1880
	FLEUREAU, Désiré-Louis.	Orléans.	1881
	MÉREL, Jean-Marie.	Nantes.	1881
	LANOUE, Auguste-Joseph.	Besançon.	1881
	CHAMBODUT, Claude-Marie.	Lyon.	1882
	MURCIER, Louis-Marie.	Lyon.	1882

NOUVELLES ŒUVRES A ÉTABLIR

I. Achèvement de l'Eglise,

Comprenant : 1° les Autels, 2° les Vitraux, 3° Cloches, et 4° Horloge.

II. Grand Portail en face de l'Eglise,

Genre ogival, à 3 compartiments, avec une Croix au sommet.

III. Érection d'un Séminaire,

A côté et en avant de l'Eglise, pouvant contenir de 60 à 80 Elèves.

IV. Imprimerie Chinoise,

Placée au Séminaire et fonctionnant avec l'aide des Elèves.

V. Maison pour les Missionnaires,

A côté de l'Eglise et faisant face au Séminaire.

VI. Chapelle du Cimetière,

Chapelle ogivale, à placer au centre de la vallée.

VII. Chapelle de Pèlerinage,

En l'honneur de la Sainte Vierge, à 3 ou 4 lieues de Canton.

VIII. Petite Maison de campagne,

A Provana, à une lieue de Canton.

Nota. — Déjà *les Cloches* sont fondues et en grande partie payées avec *un Canon*, qui nous a été donné par un amiral français à Canton et vendu 10 *mille* francs. J'ai reçu aussi de notre Gouvernement la promesse d'une statue de *saint Louis*, en fonte, de 6 pieds de haut, à mettre en avant de l'Eglise. Les autres œuvres se feront également, je l'espère, avec le secours de la divine Providence, et formeront ainsi les principaux fondements de la Mission.

BESANÇON, IMPR. DE PAUL JACQUIN.

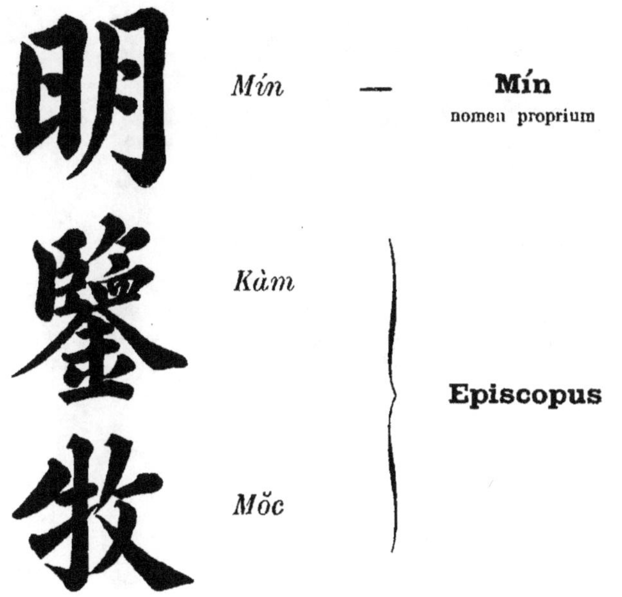

Episcopus Min.

IMPRIMATUR
P. Fr. Raph. Archang. Salini O. P. S. P. A. Mag. Socius.
IMPRIMATUR
Iulius Lenti Archiep. Siden. Vicesg.